BEI GRIN MACHT SICH IHR WISSEN BEZAHLT

- Wir veröffentlichen Ihre Hausarbeit, Bachelor- und Masterarbeit

- Ihr eigenes eBook und Buch - weltweit in allen wichtigen Shops

- Verdienen Sie an jedem Verkauf

Jetzt bei www.GRIN.com hochladen und kostenlos publizieren

Bibliografische Information der Deutschen Nationalbibliothek:

Die Deutsche Bibliothek verzeichnet diese Publikation in der Deutschen Nationalbibliografie; detaillierte bibliografische Daten sind im Internet über http://dnb.d-nb.de/ abrufbar.

Dieses Werk sowie alle darin enthaltenen einzelnen Beiträge und Abbildungen sind urheberrechtlich geschützt. Jede Verwertung, die nicht ausdrücklich vom Urheberrechtsschutz zugelassen ist, bedarf der vorherigen Zustimmung des Verlages. Das gilt insbesondere für Vervielfältigungen, Bearbeitungen, Übersetzungen, Mikroverfilmungen, Auswertungen durch Datenbanken und für die Einspeicherung und Verarbeitung in elektronische Systeme. Alle Rechte, auch die des auszugsweisen Nachdrucks, der fotomechanischen Wiedergabe (einschließlich Mikrokopie) sowie der Auswertung durch Datenbanken oder ähnliche Einrichtungen, vorbehalten.

Impressum:

Copyright © 2018 GRIN Verlag
Druck und Bindung: Books on Demand GmbH, Norderstedt Germany
ISBN: 9783668928718

Dieses Buch bei GRIN:

https://www.grin.com/document/456677

Guran Yousif

Marktanalyse eines Mikrostudios in Leipzig mit Schwerpunkt Functional Training. Chancen und Risiken

GRIN Verlag

GRIN - Your knowledge has value

Der GRIN Verlag publiziert seit 1998 wissenschaftliche Arbeiten von Studenten, Hochschullehrern und anderen Akademikern als eBook und gedrucktes Buch. Die Verlagswebsite www.grin.com ist die ideale Plattform zur Veröffentlichung von Hausarbeiten, Abschlussarbeiten, wissenschaftlichen Aufsätzen, Dissertationen und Fachbüchern.

Besuchen Sie uns im Internet:

http://www.grin.com/

http://www.facebook.com/grincom

http://www.twitter.com/grin_com

Deutsche Hochschule für
Prävention und Gesundheitsmanagement

Hausarbeit (kollektive Prüfungsleistung)

Name, Vorname   Yousif, Guran

* abhängig von Prüfungsleistung: jeweils den zu bearbeitenden „Unternehmenstyp" eintragen

Inhaltsverzeichnis

1 MARKTBESCHREIBUNG/-ANALYSE 3

1.1 Allgemeine Informationen über den Unternehmenstyp 3

1.2 Lage und Standort des Unternehmens 4

1.3 Bestimmung von zwei Marktgebieten 5

1.4 Makroumfeldanalyse und Abschätzung des Marktpotentials 5

1.5 Wettbewerbsanalyse 7

2 MARKTPLANUNG 8

2.1 Budgetplanung 8

2.2 Kommunikationspolitik 8

2.3 Werbeplanung 11

2.4 Kostenkalkulation / Budgetvergleich bei der Werbeplanung 12

2.5 Synergieeffekte im Rahmen der Kommunikationspolitik 12

3 ABSCHLUSSSTATEMENT 13

4 LITERATURVERZEICHNIS 14

5 ABBILDUNGS- UND TABELLENVERZEICHNIS 15

5.1 Tabellenverzeichnis 15

1 Marktbeschreibung/-analyse

1.1 Allgemeine Informationen über den Unternehmenstyp

Bei der Auswahl eines Unternehmenstyp ,wurde ein Mikrostudio mit der Positionierung im Functional Training ausgewählt.Wie der Name „Mikrostudio" verrät handelt es sich hierbei um ein kleines Studio mit etwa 250 – 300 qm , weshalb auch das Training nur in kleinen Gruppen absolviert wird.Beim Functional Training steht die Verbesserung der allgemeinen Fitness im Vordergrund, das bedeutet, dass nicht nur der die Ausdauer oder der reine Muskelaufbau betrachtet wird.In vielen Sportarten spielt die Core Muskulatur eine wichtige Rolle,denn die Core Muskulatur ist hauptverantwortlich für die Stabilisierung des gesamten Bewegungsparameter.Das Functional Training verfolgt einen Ganzheitlichen Ansatz und stärkt unter anderem die Core Muskulatur.Zusätzlich werden so Gelenk und Sehnen in das Training mit eingebunden.Durch das Training der einzelnen Muskelgruppen sowie der Tiefeinmuskulatur wird auch die Fettverbrennung angeregt.Im Training werden komplexe und alltagsnahe Bewegungsabfolgen ausgeführt.Durch die komplexen und alltagsnahe Bewegungsabfolgen kann der Alltag Stark erleichtert werden.Ebenso wird der Trainierende folglich dynamischer und muskuläre Dysbalancen könne ausgeglichen werden.Weitere positive Effekte sind eine Verbesserung der Dynamik,Schnelligkeit , Agilität und Koordination. Die Zielgruppen sind demnach,alle Personen jeden Alters und Fitnesslevels die ihr Mobilität Stabilität und Funktionalität verbessern möchten.Es kann eine normale Hausfrau sein , die sich durch das Functional Training ihren Alltag erleichtern möchte oder auch ein Athlet, der sich in einer Sportart verbessern möchte.Jedoch wird aufgrund des hohen Durchschnittsalter in Leipzig verstärkt der Fokus auf Personen mittleren Alters gelegt.Ein weiterer Grund die Aufmerksamkeit verstärkt auf das ältere Publikum zu lenken ist,dass der Mitgliedsbeitrag von 89 Euro im Monat für Studenten oder Personen im jungem Alter oftmals zu hoch sind.

Produktpolitik :

- Jederzeit angeleitetes Training durch mindestens einen Sporttherapeuten
- Das Unternehmen bietet Funktionelles Training in Kleingruppen an.
- Verschiedene Kurse mit verschiedenen Leistungslevels (Fortgeschritten,Profi...)
- Spezielle Kurse für Anfänger/Beginner

- Alle 6 Wochen gibt es eine Körperanalyse + Beratung
- Eigenes Tagebuch zur Dokumentation der eigenen Trainingsfortschritte
- Systematische wechselnde Trainingspläne
- Spezielle Therapie-Trainingspläne bei Verletzungen

Preispolitik :

- Jahresmitgliedschaft = 89,00 Euro/Monat
- 6 Monate Mitgliedschaft = 99 Euro / Monat
- 10-er Karte = 180 Euro
- Probetraining = 18 Euro
- Keine Anmeldegebühren
- Keine Verwaltungskosten

Distributionspolitik
- Walk – Ins
- Kundenempfehlungen
- Zwei mal im Jahr „Tag der offenen Tür"
- Das Unternehmen ist auf Facebook und Instagram vertreten

1.2 Lage und Standort des Unternehmens

Der Standort des Unternehmens befindet sich im Leipziger Stadtteil Gohlis Mitte.Hier handelt es sich um ein ruhiges Wohngebiet. Das Durchschnittsalter der Bevölkerung in diesem Stadtteil liegt etwa bei 45 Jahren.
Gohlis Mitte ist bekannt für ihre prachtvollen Villen und Mietshäuser.Auch die Lage ist sehr gut , da das Stadtzentrum und andere Stadtteile von Leipzig bequem mit den Tram, 4 und 12 oder den Buslinien 85 und 90 erreicht werden können.Der alte Stalkern sowie zahlreiche andere Sehenswürdigkeiten befinden sich in unmittelbare Nähe.Das Gebäude in dem das Unternehmen platziert wird, liegt in einer viel befahrenen Straße.Dadurch kann das Studio sehr schnell und häufig gesehen werden .Ein weiterer positiver Punkt ist , das ein Studio solcher Art nicht in der nähe vertreten ist.
Somit bietet sich dieser Standort für das Unternehmen sehr gut an.

1.3 Bestimmung von zwei Marktgebieten

Anmerkung der Redaktion: Abbildung aus redaktionellen Gründen entfernt

Marktgebiet 1 (Dunkelrot)
Anfahrzeit 7 Minuten

Marktgebiet 2 (Hellrot)
Anfahrzeit 12 Minuten

2 Standort
3 Mitbewerber 1 :

4 Mitbewerber 2 :

1.4 Makroumfeldanalyse und Abschätzung des Marktpotentials

Die Statistischen Daten der IHK zeigen folgende Werte :

Der Wert des Kaufkraftindexes für die Stadt Leipzig beträgt im Jahr 2017 90,9.

Laut dem Leipziger Informationszentrum beträgt die Anzahl der Arbeitslosen für das Jahr 2016 bei 23117 und liegt somit bei einer Arbeitslosenquote von 7,9 %

Das durchschnittliche Alter in Leipzig liegt nun seit mehreren Jahren zwischen 42 und 44 Jahren. Auch das durchschnittliche Alter in Ortsteilen von Leipzig liegt meist zwischen 40 und 50 Jahren.

Tab.1 : Ermittlung der Einwohnerzahl von Marktgebiet eins und zwei

Marktgebiet 1 Stadtteile	Einwohnerzahl	Marktgebiet 2 Stadtteile	Einwohnerzahl
Gohlis	44653	Schkeuditz	17900

Eutritzsch	14450	Lützschena – Stahmeln	3915
Möckern	14402	Radefeld	1176
Mockau Nord	11104	Böhlitz - Ehrenberg	10178
Lindenthal	6514	Neulindenau	6784
Wahren	6981	Altlindenau	31723
Wiederitzsch	8551	Plagwitz Schleußig	12830
Altlindenau	16836	Grünau Ost	7658
Schönefeld - Abtnaundorf	12570	Südvorstadt	25417
Neustadt - Neuschönefeld	12328	Marienbrunn	6097
Leutzsch	10198	Lößning	11073
		Probstheida	6417
		Stötteritz	16974
		Anger Crottendorf	11322
		Paunsdorf	14491
		Heiterblick	3713
		Plaußig Portitz	2654
		Thekla	5828
		Seehausen	2345
		Hohenossig	252
		Rackwitz	4962
		Radefeld	1176
Summe M1 :	**151 605**	**Summe M2 :**	**192 055**
Gesamteinwohnerzahl aus M1 und M2 : 343 660			

Ermittlung des Gesamtmarktpotenzials

Im Marktgebiet 1 befinden sich **151 065** und im Marktgebiet 2   **192055** Einwohner. Kalkuliert wird dabei mit einem Marktpotenzial von **12 %**. Dabei wird jedoch Marktgebiet 1 mit einem Faktor von **100 %** und Marktgebiet 2 mit **70 %** gewichtet. Mitbewerber werden hierbei nicht berücksichtigt.

Marktgebiet 1 :
12 % von 151 605 = **18 192**

Marktgebiet 2

70 % von 192 055 = 134 439

12 % von 134 439 = **16 133**

Gesamtmarktpotenzial : 18 192 + 16 133 = **34 325**

1.5 Wettbewerbsanalyse

Tab.2: Stärken und Schwächen der Mitbewerber

Mitbewerber	Stärken +	Schwächen -
Mitbewerber 1	<ul><li>Kurzes und effizientes Training.Kraft und Ausdauer werden gleichzeitig in einem 30 minütigen Zirkeltraining trainiert.</li><li>Intensive Betreuung, da die Trainer meist permanent mitten im Zirkel stehen ,um zum motivieren/korrigieren</li><li>Ein reines Frauen Studio.Alle Mitglieder sind weibliche.Viele Frauen fühlen sich in herkömmlichen Studios von dem männlichen Geschlecht oftmals belästigt.Dieses Problem kann bei Mitbewerber 1 nicht auftreten.</li></ul>	<ul><li>Mitglieder sind an den Zirkel gebunden.Etwas anderes ist bei Mitbewerber 1 nicht möglich.Es gibt keine unterschiedlichen Geräte die für Abwechslung sorgen.Es bleibt immer das Gleiche.</li><li>Die Öffnungszeiten sind sehr unflexibel. Wenn zu viele Mitglieder zu gleichen Zeit kommen und der Zirkel voll ist ,ist das Training erst mal nicht möglich ,bis ein Platz im Zirkel frei wird.</li><li>Zusatzangebote kosten oftmals mehr Geld und sind nicht im Monatsbeitrag beinhaltet.</li></ul>
Mitbewerber 2	<ul><li>Der Mitgleitsbeitrag liegt bei Mitbewerber 2 gerade mal bei 20 Euro.Der Preis ist so günstig ,dass so gut wie jede Person sich die Mitgliedschaft leisten kann.</li><li>Großes Studio mit vielen verschiedenen Trainingsbereichen wie z.B: Geräte,Cardio,Zirkel Lady Gym etc. sorgen für viele verschiedene Trainingsmöglichkeiten.</li></ul>	<ul><li>Mitbewerber2 hat meistens klare Vorgaben über die zeitliche Dauer der Betreuung pro Mitglieder. Der Trainer betreut oft 2-3 Kunden in einer Stunde. So kann eine professionelle und intensive Betreuung kann nicht gewährleistet werden.</li><li>Durch den geringen</li></ul>

- Mitbewerber 2 hat am Tag 24 Stunden geöffnet und das an 365 Tagen im Jahr.

Mitgliedsbeitrag besitzt Mitbewerber 2 eine hohe Mitgliederanzahl.

- Oftmals wird in so großen Studios die Hygiene vernachlässigt.

Der geplante Unternehmenstyp soll im Vergleich zu den anderen Studios besonders unter anderem mit einer Kundennahen und Intensiven Betreuung durch mindestens einen professionell ausgebildeten Trainer in den Vordergrund stechen.Auch Lange und Regelmäßige Öffnungszeiten sind geplant. Ebenso wird ein hoher Wert auf die Hygiene gelegt,damit sich die Mitglieder im Studio wohl fühlen können.Durch ein großes und vielseitiges Kursangebot soll immer wieder für Abwechslung gesorgt werden.Zusatzangebote wie Trainingspläne,Ernährungspläne,Check UP s ect. Sind im Mitgliedsbeitrag beinhaltet und kosten somit nicht zusätzlich Geld.Durch Beginnerkurse kann auch für Anfänger ein sanfter ein Einstieg gewährleistet werden. Durch eine Maximalanzahl pro Kurs können keine überfüllten Kurse entstehen.Regelmäßige Ausflüge sollen im eine Familiäre Atmosphäre schaffen.

2 Marktplanung

2.1 Budgetplanung

Das Jahresmarketingbudget für das erste Geschäftsjahr wir mit Hilfe der „Marketingkosten pro Neukunde" Methode ermittelt.Die Fluktuationsquote für das erste Geschäftsjahr bleibt hier unberücksichtigt, da es sich um eine Unternehmensgründung handelt.

Erfahrungsgemäße Marketingkosten : 60 Euro / Neukunde
Geplante Mitgliederanzahl nach dem ersten Geschäftsjahr :100 Mitglieder
100 x 60 Euro = **6000 Euro** Jahresmarketingbudget

2.2 Kommunikationspolitik

Im Rahmen der Kommunikationspolitik bieten sich viele interessante Instrumente an. Für unseren Fall eignen sich neben der Werbung ,die als feste Größe gesetzt ist ,noch zusätzlich Online Marketing und Promotion an. In der heutigen Zeit ist das Online Marketing weit verbreitet und sehr beliebt.Mit Online Marketing ist es möglich mit wenig Zeit und Aufwand sehr viele Personen zu erreichen.Somit ist sie eine tolle Unterstützung um schnell große Reichweite zu erlangen.In den verschieden online Plattformen ist es auch möglich sich die eigene Zielgruppe heraus zu filtern und diese direkt anzusprechen.Bei Fehlern oder Optimierungsvorschlägen ist eine schnelle Anpassung mit ein paar Klicks schon möglich.Im Vergleich zu anderen Instrumenten ist das Online Marketing günstig und die Streuverluste sind nicht hoch.Am Ende einer Kampagne kann durch die genauen Messungen auch der Erfolg überprüft werden.Bei Promotion wird bewusst der erste Kontakt zu den Kunden gesucht.Hier können Sympathiepunkte gesammelt werden und Fragen der Kunden können in einem Gespräch direkt vor Ort beantwortet werden. Durch häufige und gute Promotion steigt der Bekanntheitsgrad eines Unternehmens und das Image kann verbessert werden.

Konzept für die Vermarktungskampagne :

Was ist Ziel der Kampagne ?

Das Ziel der Kampagne ist ganz klar ,vor dem eigentlichen Marktstart möglichst viele Mitglieder für das Unternehmen zu gewinnen. 30 Neumitglieder sind das angestrebte Ziel.Ein weiteres Ziel ist die Vermehrung des Reichweite und des Bekanntheitsgrad des Unternehmens.Des weiteren soll das Interesse Personen zum Sport geweckt werde.Die Personen sollen animiert und motiviert werden.

Was ist der Inhalt der Kampagne ?

Die Kampagne verläuft unter dem Motto „Fit für den Sport und Alttag".Das Motto soll möglichst eine große Menge an Menschen ansprechen. Mit gezielten Bilder und Texten sollen positive Gefühle Emotionen und Neugier geweckt werden.Sie werden auf ein Leben aufmerksam gemacht , in dem sie schmerzfrei durchs leben gehen können und in vielen Sportarten Höchstleistungen vollbringen können.Das Ganze wird mit einem kurzen Werbeclip zusätzlich verstärkt.In der ganzen Stadt werden durch Promo - Aktionen

Flyer und Informationsbroschüren verteilt.Hier wird auch bewusst der erste persönliche Kontakt zu Kunden gesucht. Auch ein Zeitungsartikel und Internetanzeigen sollen erstellt werden , um die Leute immer wieder auf die Neueröffnung aufmerksam zu machen.Für neugierige Personen die mit ihrer Entscheidung jedoch unsicher sind ,gibt es Gutscheine für ein Kurs ihrer Wahl.Auf der Facebookseite findet ein Gewinnspiel statt. Es wird zunächst vom Unternehmenstyp ein Beitrag via Facebook mit allen wichtigen Inhalten gepostet.Um am Gewinnspiel Teilzunehmen soll dann der Beitrag von Personen geliket und geteilt werden.Am Ende wird ein Gewinner ausgelost, welcher dann eine Jahresmitgliedschaft für sich beanspruchen kann.Durch das Liken und Teilen des Beitrages werden zusätzlich weitere Personen auf die Neueröffnung aufmerksam.Kunden die bereits vor der Neueröffnung oder am Tag der Neueröffnung Mitglieder werden,profitieren von einem Eröffnungsangebot. Ein „Tag der offenen Tür" soll den Leuten die Möglichkeit bieten das Studio und das Team kennen zu lernen.

Wie soll die Kampagne zeitlich organisiert sein ?

Tab .3: Zeitliche Organisation

Zeitmanagement	Organisationsplanung	Kostenplanung	Auswertung der Kampagne
Für die Vermarktungskampagne sind drei Monate angesetzt.	Aufgaben werden verteilt.Wer übernimmt was und bis wann ?	Die Kostenplanung der Kampagne findet vor dem Start der Vermarktungskampagne statt.Um eventuelle Optiermierungsvorgänge durchzuführen, für den Fall das die Kosten zu hoch sind.Für den Fall das die Kosten vereinbar sind , kann der Startschuss für die Vermarktungskampagne gegeben werden.	Die Auswertung der Kampagne beginnt nach der Neueröffnung.
Im ersten Monaten werden die Kosten der Vorgänge berechnet und eventuelle Optimierungsvorschläge wahr genommen.Des weiteren sollen im ersten Monat alle Printmedien bedruckt bereitgestellt sein.	Kosten müssen geplant werden. Inhalte der Printmedien müssen ausgewählt und anschaulich erstellt werden.Des weiteren müssen die Printmedien bedruckt werden.		
Im zweiten Monat finden Zahlreiche Promotion – Aktionen Statt und sämtliche Beitrage werde in Onlineplattformen geteilt.	Tage und Orte der Promotion müssen ausgewählt werden. Online Beiträge müssen ebenfalls zusammengefasst und anschaulich erstellt und veröffentlicht werden.		
Im Letzten Monat beginnt das Gewinnspiel und der Werbeclip wird Präsentiert.Zusätzlich wird der Zei-	Der Werbeclip muss gedreht werden und das Gewinnspiel ge-		

tungsartikel sowie der Onlineartikel veröffentlicht. Der ,,Tag der offenen Tür" findet an der Neueröffnung statt.	nau erstellt werden. Zeitungs-Onlineartikel müssen erstellt und anschaulich dargestellt werden. Der Tag der offen Tür muss genau geplant werden.	

Wie lässt sich der Erfolg der Kampagne überprüfen ?

Der Erfolg kann durch das Online Marketing leicht überprüft werden.Es gibt eine große Menge an Auswertungsmöglichkeiten.So ist z.b ganz einfach durch Facebook oder Instagramm erkennbar,wie viel Leute haben an dem Gewinnspiel Teilgenommen ? Wie viele Aufrufe hatte der Werbeclip ? Wie hoch ist die Anzahl der Personen die uns auf Facebook oder Instagramm folgt etc. Zusätzlich lassen sich Statistiken dazu Statistiken erstellen.Auch das Durchschnittliche Alter der Personen kann ermittelt werden.

Auf der Mitgliedschaft kann ein Feld mit der Frage ,, Wie sind sie auf uns aufmerksam geworden ? hinzugefügt werden , um er ermitteln mit welchem Medium die meisten Leute auf das Studio aufmerksam geworden sind.Des weiteren kann die Stückzahl der Gutscheine oder Flyer die im Studio eingelöst werden ausgewertet werden.

2.3 Werbeplanung

Jahresmarketingbudget : 6000 Euro ,Werbebudget   20 %

6000/100 x 20 = 1200 Euro

Dem geplanten Unternehmenstyp steht ein Marketingbudget von 1200 Euro zu Verfügung.Da 1200 Euro für ein Jahr nicht besonders viel ist ,ist es von großer Bedeutung das Budget sinnvoll einzusetzen.Daher wird zunächst verstärkt auf Printmedien wie Flyer,Zeitungsanzeigen und Gutscheine gesetzt.Ein weiterer Werbeträger sind die Außenwerbeträger. Hierfür soll eine Plakatwand erstellt werden.Des weiteren soll im socialmedia Bereich gearbeitet werden.Eine Homepage und Internet Anzeigen werden ebenfalls erstellt.Die Kriterien zur Auswahl der Werbeträger sind Reichweite(wichtigster Punkt), Kontaktwahrscheinlichkeit ,Kontaktqualität , Kosten,Erscheinungshäufigkeit und die Verfügbarkeit.Mit Hilfe von Außenwerbeträger, des Internets und den Printmedien kann dies erreicht werden.

2.4 Kostenkalkulation / Budgetvergleich bei der Werbeplanung

Tab.4: Kostenkalkulation/Budgetvergleich bei der Werbeplanung

Werbeplanung	Kosten in Euro
Professioneller Mediengestalter für die Gestaltung der Printmedien und der sowie der Plakatwand.	350
Die Printmedien sowie die Plakatwand müssen in einer Druckfirma gedruckt werden.	400
Die Printmedien sowie die Plakatwand müssen verteilt und aufgehängt werden.	150
Für die Zeitungsanzeigen müssen alle Wichtige Informationen anschaulich zusammen gefasst werden und veröffentlicht werden.	200
Eine Professionelle Homepage muss erstellt und ständig auf den neusten Stand gebracht werden.	150
Auch für die Internetanzeigen müssen alle wichtigen Informationen anschaulich erstellt und hochgeladen werden.	150
Gesamtkosten	**1400**

Das zur Verfügung gestellt Budget ist nicht ausreichend.Der Unternehmenstyp sollte noch mehr auf sich Aufmerksam machen um den Bekanntheitsgrad zu erhöhen.Daher sollte mehr für die Werbeplanung investieren werden.Die Resultate einer erfolgreichen Werbeplanung könnte deutlich mehr wieder einholen als das zur Verfügung gestellte Marketingbudget.Daher ist der erste Optimierungsvorschlag eine Erhöhung des Marketingbudget.

Des weiten kann der geplante Unternehmenstyp versuchen mit anderen Firmen oder mit der gesamten Unternehmensgruppe zu kooperieren um Marketing kosten so gering wie möglich zu halten.

2.5 Synergieeffekte im Rahmen der Kommunikationspolitik

Im Rahmen der Kommunikationspolitik kann die gesamte Unternehmensgruppe durch enge Zusammenarbeit Synergieeffekte erzielen.So wäre es möglich durch eine gemeinsame Vermarktung und sich Zeit und Kosten einzusparen. Durch Zusammenarbeit und Kommunikation bei der Werbeplanung können mehr Ideen gesammelt und ein kreativeres arbeiten ermöglicht werden.Zusätzlich können Empfehlungen für die Studios gemacht werden.Mit gemeinsame Events kann die Unternehmensgruppe Ihren Bekanntheitsgrad erweitern und die Branche auf sich aufmerksam machen. Durch das enge Miteinander kann die gesamte Unternehmensgruppe als Einheit auftreten und eine deutlich größere und vielfältigere Angebotsauswahl für potentielle Kunden anbieten.Somit können deutlich mehr Leute erreicht und größere Zielgruppen ins Visier genommen werden.Ein gemeinsames Logo soll die Einheit der Unternehmensgruppe widerspiegeln. Des weiteren soll mit einem Einheitlichen Logo die Wiedererkennung der Unternehmensgruppe gefördert werden. Durch diese Synergieeffekte profitiert nicht nur die Unternehmensgruppe sondern auch der einzelne Unternehmenstyp.

3 Abschlussstatement

Durch die Betrachtung der unterschiedlichen Analysen kann abschließend festgestellt werden,dass die Chancen der Unternehmensgruppe für die Stadt Leipzig gut stehen.
Leipzig ist eine große und sehr attraktive Stadt.Sie bietet jede menge Freizeit und Kulturangebote.Die Unternehmensgruppe kann mit Ihren Studios die Bedürfnisse alle Altersgruppen abdecken.Die Rahmenbedingungen für die geplante Neueröffnung in der wirtschaftsstarken Region Leipzig sind somit positiv. Ein mögliches Risiko ist die hohe Anzahl der bereits bestehenden Konkurrenten auf den Markt.Somit ist ein attraktives Angebot bei einer Neueröffnung zwingend notwendig.Ein weiteres Risiko ist die eher geringe Kaufkraft von Leipzig.Studios mit einem niedrigen Preissegment werden im Vergleich zu Studios im hohen Preissegment es einfacher haben.Einen klaren Vorteil weisen Premium und Discount Studios vor , da sie das höchste Marketingbudget besitzen.Durch die Kooperation mit dem Krankenhaus und der hohen nachfrage, stehen die Chancen für das Gesundheitsstudio sehr gut .Die Gestaltung der Kundengewinnung für EMS und Damenstudios wird sicherlich schwer ausfallen da diese Studios in Leipzig

bereits gut vertreten sind.Der geplante Unternehmenstyp hat durch das vielseitige und umfangreiche Angebot sehr gute Chancen.Zusätzlich ist Functional Training in Leipzig noch nicht weit verbreitet, daher ist der Konkurrenzkampf nicht groß.

Die Platzierung der einzelnen Standort ist meiner Meinung nach nicht ganz Optimal.

Mit einer besseren Positionierung der einzelnen Studios hätte das Marktpotential ausgeschöpft werden können.So entgehen leider einige Personen , da diese sich nicht mehr im Marktgebiet befinden.Trotzdem allem lässt sich unterm Strich sagen das durch gute Kooperation und herausstechende Angebote die Unternehmensgruppe sowie die einzelnen gute Chancen haben.

4   Literaturverzeichnis

https://www.immobilienscout24.de/wohnen/sachsen,leipzig,gohlis-mitte.html

https://statistik.leipzig.de/statcity/table.aspx?cat=7&rub=3&cat=7&rub=3

https://www.openrouteservice.org

http://www.leipziger-westen.de/nachbarschaft/

http://statistik.leipzig.de/statdist/table.aspx?cat=2&rub=2

https://www.leipzig.de/

https://www.leipzig.ihk.de/fileadmin/user_upload/Dokumente/SOP/Wirtschafts-_und_Regionalstatistik/Stat_Bericht_-_3_Quartal_2017.pdf

https://www.leipzig.de/bauen-und-wohnen/staedtische-immobilien-und-grundstuecke/

https://www.ihk-nuernberg.de/de/IHK-Magazin-WiM/WiM-Archiv/WIM-Daten/2004-10/Special/Werbung-Marketing/Den-Marketing-Erfolg-systematisch-messen.jsp

5 Abbildungs- und Tabellenverzeichnis

5.1 Tabellenverzeichnis

Tab.1 : Ermittlung der Einwohnerzahl von Marktgebiet eins und zwei

Tab.2: Stärken und Schwächen der Mitbewerber

Tab .3: Zeitliche Organisation

Tab.4: Kostenkalkulation/Budgetvergleich bei der Werbeplanung

BEI GRIN MACHT SICH IHR WISSEN BEZAHLT

- Wir veröffentlichen Ihre Hausarbeit, Bachelor- und Masterarbeit

- Ihr eigenes eBook und Buch - weltweit in allen wichtigen Shops

- Verdienen Sie an jedem Verkauf

Jetzt bei www.GRIN.com hochladen und kostenlos publizieren